Jemandem eine Freude machen

Heute ist Ihr Ehrentag. Vielleicht haben Sie schon einen leckeren Kuchen vorbereitet, so frisch und schmackhaft wie der auf unserem Titelbild. Ich habe die Backkunst meiner Mutter leider nicht von ihr geerbt. Ich kann mich noch gut an meinen ersten Backversuch erinnern, nachdem ich von Zuhause ausgezogen war. Es war ein Desaster. Ich arbeitete in einem Kindergarten und wenn ein Kind Geburtstag hatte, brachte es immer leckeren Kuchen für die ganze Gruppe mit. Das fand ich eine wunderschöne Geste und wollte an meinem Geburtstag den Kindern auch mit einem selbstgebackenen Kuchen eine Freude machen. In meiner ersten kleinen Wohnung hatte ich allerdings nur einen alten Gasherd. Der Kuchen war also innen noch etwas weich und außen musste ich schon den ersten Ruß abkratzen. Das war mir wirklich peinlich. Mit ganz viel Schokoladenguss verziert, war das den Kindern aber egal. Sie waren einfach dankbar und freuten sich, dass ich Ihnen eine Freude machen wollte. Das Ergebnis war nicht so wichtig. Das tat gut. Jemand anderem eine Freude machen, macht uns selbst glücklich und zufrieden. Dann greift die Freude um sich, wie Dietrich Bonhoeffer es beschrieben hat.

Der beste Weg
sich selbst eine Freude zu machen, ist:
zu versuchen, einem anderen
eine Freude zu bereiten.

Mark Twain

Danksagung

Vielen Dank euch allen,
die ihr zu mir schaut
und einen Besuch bei mir macht.

Vielen Dank euch allen,
die ihr mit mir Nachsicht habt,
wenn ich euch etwas erzähle,
das ich schon so oft gesagt habe.

Vielen Dank euch allen,
dir ihr in mir Erinnerungen wachruft
an frühere Zeiten.

Vielen Dank euch allen,
die ihr Verständnis aufbringt
für meine zittrigen Hände.

Vielen Dank euch allen,
die ihr Geduld mit mir habt,
wenn ich nicht alles verstehe, was ihr zu mir sagt.

Vielen Dank euch allen,
dir ihr mich aufrichtet und tröstet.

Vielen Dank euch allen!
Möge Gott euch dafür reich segnen
und beschenken. Manfred Glückher

Gott spricht:
Ich trage euch
bis ihr alt und grau werdet.

Jesaja 46,4

Bis ich alt und grau bin

Wenn ältere Menschen früher zu mir sagten, dass die Zeit von Jahr zu Jahr immer schneller verfliegt, habe ich nie genau verstanden, was sie damit meinten. Ganz im Gegenteil, denn die Zeit bis zu den großen Ferien oder meinem nächsten Geburtstag wollte eigentlich nie wirklich vergehen. Heute kenne ich das Gefühl, nicht zu wissen, wo die Zeit geblieben ist. Mit Anfang vierzig fühle ich mich nicht alt, auch wenn die ersten grauen Haare in der Sonne funkeln. Aber diese Veränderungen bringen mich doch eher zum Schmunzeln.
Wir werden jedes Jahr ein Jahr älter. Keiner kann sich davor drücken, auch wenn er behauptet, zum fünften Mal 49 zu werden. Die Werbung zwingt uns ja fast zu solchen Lügen. Jugend, Schönheit und Gesundheit werden uns als Ideale vor Augen geführt. So haben wir jedoch verlernt, die Schönheit und den Wert jeden Alters zu schätzen und zu genießen. Das wünsche ich Ihnen für Ihr neues Lebensjahr. Empfangen Sie mit offenen Armen, was Gott für Sie in seiner Liebe und Güte vorbereitet hat. Voller Dankbarkeit, dass Sie ein neuer Jahresring schmücken wird. Gott verspricht, Sie zu tragen bis Sie alt und grau sind. Ist das nicht eine wunderbare Verheißung für Ihr neues Lebensjahr?

Dazu habe ich keine Zeit

Ein Mann geht im Wald spazieren. Nach einer Weile sieht er einen Holzfäller, der hastig und sehr angestrengt dabei ist, einen auf dem Boden liegenden Baumstamm zu zerteilen. Er stöhnt und schwitzt und scheint viel Mühe mit seiner Arbeit zu haben.

Der Spaziergänger geht etwas näher heran, um zu sehen, warum die Arbeit so schwer ist. Schnell erkennt er den Grund und sagt zu dem Holzfäller: „Guten Tag, ich sehe, dass Sie sich Ihre Arbeit unnötig schwer machen. Ihre Säge ist ja ganz stumpf, warum schärfen Sie sie denn nicht?"

Der Holzfäller schaut nicht einmal hoch, sondern zischt nur unfreundlich durch die Zähne: „Dazu habe ich keine Zeit, ich muss doch sägen!"

Manchmal verhalten wir uns wie dieser Holzfäller. Wir wollen keine Pause machen, um keine Zeit zu verlieren. Ruhepausen, um sich zu sammeln, brauchen wir Menschen aber. Gönnen wir uns diese nicht, werden wir müde und das Leben wird schwer und alles macht uns mehr Mühe als nötig. In der Bibel gibt es ein wunderbares Bild für Gott, das uns immer wieder daran erinnern kann, neue Kraft zu schöpfen. Die Sonne als Bild für Gott ist ein wunderbarer Vergleich, der uns das Licht und die Wärme der Sonne noch mehr genießen lässt. Ohne Licht und Wärme der Sonne wäre die Erde nicht lebensfähig. Ohne die Sonne hätten wir kein Licht, ohne Licht könnten die Pflanzen keinen Sauerstoff für uns zum Atmen produzieren und ohne Wärme würde innerhalb weniger Tage die Temperatur auf den Gefrierpunkt fallen. Pflanzen, Tiere und auch wir Menschen brauchen die Sonne zum Leben. Und wenn wir ehrlich sind, lieben wir sie. Genau wie die Blumen strecken wir der Sonne unsere Gesichter entgegen, schließen die Augen und tanken neue Kraft.

Gott ist die Sonne, von der wir leben. Wir dürfen uns ihm entgegenstrecken, eine Ruhepause einlegen und neue Kraft tanken. Gott bringt Licht in unser Leben und seine Liebe zu uns schenkt Wärme und Geborgenheit. Das ist die Hoffnung unseres Glaubens, die tragfähige Basis für unser Leben.

Fotolia/tomeyk

DU bist
die Sonne,
von der
wir leben.
Psalm 36,10
Foto/pixabay

Gottes Liebe

ist wie die Sonne,
sie ist immer und überall da.

Streck dich ihr entgegen,
nimm sie in dich auf.
Gottes Liebe ist wie die Sonne,
sie ist immer und überall da.

Sie mag dich verändern,
macht das Leben neu.
Gottes Liebe ist wie die Sonne,
sie ist immer und überall da.

Mag auch manche Wolke
zwischen dir und Gottes Liebe stehn.
Gottes Liebe ist wie die Sonne,
sie ist immer und überall da.

Gib die Liebe weiter
auch an den, der dich nicht lieben will.
Gottes Liebe ist wie die Sonne,
sie ist immer und überall da.

Die wichtigen Dinge im Leben

Ein Professor stand vor seinen Studenten, nahm einen leeren Wasserkrug mit einer sehr großen Öffnung und stellte ihn vor sich auf den Tisch. Als der Unterricht begann, legte er faustgroße Steine vorsichtig einzeln in den Wasserkrug bis kein Platz mehr für einen weiteren Stein war. Anschließend fragte er seine Studenten, ob der Krug nun voll sei. Alle stimmten kopfnickend zu.

Der Professor nahm daraufhin eine Schachtel mit Kieselsteinen hervor und kippte sie in den Wasserkrug und schüttelte ihn etwas, sodass sich die Kieselsteine in die Lücken zwischen den großen Steinen setzten. Er fragte die Gruppe erneut, ob der Krug nun voll sei.

Die Studenten zuckten mit den Schultern und lachten. Der Professor griff unter seinen Tisch und holte eine weitere Schachtel hervor. Diese war gefüllt mit feinem Sand, den er genau wie die Kieselsteine zuvor in den Krug kippte. Wiederum suchte sich auch der Sand den Weg in die Lücken zwischen den großen und kleinen Steinen. Anschließend fragt er erneut, ob der Krug denn nun voll sei. Die Studenten hatten nun verstanden und riefen ihm ein einstimmiges Nein entgegen. Nun lachte der Professor stolz, nahm eine Flasche Wasser und goss sie in den Krug bis zum Rand.

Er schaute in die verdutzten Gesichter und fragte: „Was ist der Sinn meiner Vorstellung?“ Ein Angeber hob seine Hand und sagte: „Es bedeutet, dass egal wie voll unser Kalender ist, wenn wir es wirklich versuchen, passt immer noch ein Termin dazwischen.“ „Nein“, antwortete der Professor, „das ist nicht der Punkt. Wenn du den Krug nicht zuerst mit den großen Steinen füllst, kannst du sie später nicht mehr hineinsetzen.
Dieser Krug ist wie Ihr Leben. Die großen Steine sind die wirklich wichtigen Dinge: Ihre Familie, Ihr Partner, Ihre Gesundheit, Ihr Glaube. Wenn Sie Ihr Leben zuerst mit den unwichtigen Dingen füllen, sich mit Sachen beschäftigen, die keinen Wert haben, werden Sie keinen Platz mehr haben für die großen und wichtigen Dinge in Ihrem Leben. Achten Sie zuerst auf die großen Steine, die sind es, die wirklich zählen. Der Rest ist nur Sand.“

Foto: pixabay

Zeit

Nimm dir Zeit

Nimm dir Zeit zum Träumen,
das ist der Weg zu den Sternen.

Nimm dir Zeit zum Nachdenken,
das ist die Quelle der Klarheit.

Nimm Dir Zeit zum Lachen,
das ist die Musik der Seele.

Nimm Dir Zeit zum Leben,
das ist der Reichtum des Lebens.

Nimm Dir Zeit zum Freundlichsein,
das ist das Tor zum Glück.

Nimm Dir Zeit zum Lieben,
das ist die wahre Lebensfreude.

Irischer Segenswunsch

Du

bist mein Gott.
Meine Zeit
steht in deinen Händen.

Psalm 31,15+16